ALESSANDRA ADELFI

L'UFFICIO PERFETTO

Guida Pratica all'Organizzazione del Lavoro e alla Gestione Efficace dell'Ufficio

Titolo
"L'UFFICIO PERFETTO"

Autore
Alessandra Adelfi

Editore
Bruno Editore

Sito internet
http://www.brunoeditore.it

Sommario

Introduzione

La Segretaria di Direzione è una figura essenziale all'interno dell'azienda: supporta il capo e i colleghi, svolgendo ruoli sia operativi che direzionali. Mi riferisco espressamente alla Segretaria di Direzione e non al Segretario di Direzione, perché è una funzione svolta, nella stragrande maggioranza dei casi, da donne.

Nel corso degli anni, il ruolo della Segretaria di Direzione ha subito una naturale evoluzione. Infatti, con il tempo, la Segretaria di Direzione ha affiancato alle semplici attività di supporto, quali, ad esempio, la gestione della corrispondenza, delle telefonate e/o degli appuntamenti, l'espletamento di compiti di maggiore responsabilità: pianificazione e organizzazione di eventi aziendali, preparazione della documentazione per la partecipazione a gare, selezione del personale, cura dell'immagine aziendale ecc. Certo, le mansioni assegnate variano in base alle dimensioni e alla tipologia di attività dell'azienda.

L'Ufficio Perfetto, frutto di anni di esperienza maturati nella gestione organizzativa di un ufficio, è indirizzato, in particolare, alla Segretaria di Direzione che si affaccia per la prima volta al mondo del lavoro o che, più semplicemente, è alla ricerca di nuovi spunti per affinare la propria attività.

Grazie a questo corso, la Segretaria di Direzione potrà migliorare l'organizzazione del proprio ufficio, e in particolare, della reception, della sala d'attesa e della propria postazione di lavoro; ottimizzare il proprio time management; acquisire i criteri per un'archiviazione della documentazione efficace e semplice da realizzare; gestire la comunicazione all'interno dell'azienda, coordinando le attività dei colleghi e del capo.

La Segretaria di Direzione sarà in grado, cioè, di organizzare il proprio Ufficio Perfetto, adattandolo alle esigenze aziendali. E non si perderà più nella marea di attività e documenti da gestire.

CAPITOLO 1:
Come organizzare l'ufficio

L'ufficio è il nostro primo biglietto da visita: ancora prima di un nostro saluto o di una nostra presentazione. Racconta a tutti quello che facciamo e come lo facciamo.

Chi siamo

Il visitatore che entra nel nostro ufficio e trova pile di carte "buttate" in maniera casuale sulla scrivania, scatole di cartone disordinatamente accatastate in un angolo, o scaffali completamente vuoti, si rende subito conto di avere a che fare con una realtà disorganizzata e, inevitabilmente, assumerà un atteggiamento diffidente nei nostri confronti. Anche io, per esempio, quando sono presso aziende fornitrici o clienti, mi guardo immediatamente intorno, per "leggere" la realtà con la quale ho a che fare. Osservo le pareti, l'aspetto della reception, com'è organizzata la sala di attesa. La prima impressione è quella che resta. Mi preme sottolineare questo concetto.

SEGRETO n. 1: tutto quello che ci circonda ci rivela ai nostri visitatori. Prestiamo, quindi, la massima attenzione all'organizzazione del nostro ambiente di lavoro.

Malcolm Gladwell, nel suo saggio *In un batter di ciglia*, afferma che l'idea che gli altri si fanno di noi deriva dalla prima impressione, dal primo contatto. Dai primi secondi del nostro rapporto.

Concentriamoci, quindi, nella cura dell'aspetto del nostro ufficio, a partire dalla reception, dalla sala d'attesa. L'idea che gli altri avranno di noi sarà migliore. Questo capitolo vuole offrire una serie di spunti che ci aiuteranno a organizzare al meglio il nostro ufficio, rendendolo fisicamente più efficiente e confortevole.

Come trasformare la reception in un luogo accogliente

Quando un visitatore entra nel nostro ufficio, il primo locale che gli parlerà di noi sarà la reception. La prima nostra attività sarà, quindi, l'organizzazione della reception che, in molti uffici, coincide con la sala d'attesa, il luogo, cioè, dove i nostri ospiti vengono fatti accomodare.

La reception

Iniziamo dalle poltroncine d'attesa. In commercio ne esistono di diversi tipi. Di legno, metalliche o imbottite. Possiamo sceglierle di qualsiasi materiale, ovviamente, ma assicuriamoci della loro comodità. Nell'ufficio dove attualmente lavoro, ad esempio, abbiamo tre sedute con un ripiano. Sopra quest'ultimo poggiamo le riviste del settore nel quale operiamo.

La sala d'attesa

SEGRETO n. 2: mettiamo a disposizione dei nostri visitatori riviste professionali legate alla nostra attività. Le riviste di settore possono fornire ottimi spunti ai nostri visitatori.

Nella reception di una ditta di costruzioni, mi aspetterò di trovare riviste di carpenteria metallica o di bioedilizia, piuttosto che di automobili o gossip. Così come in un'autofficina sfoglierò riviste di vendita auto nuove o usate, piuttosto che riviste di materiali edili. Predisponiamo, quindi, un angolo bar. Contribuirà a mettere a loro agio i nostri visitatori, che potranno così sorseggiare la loro bevanda preferita.

Per arredare la sala d'attesa, possiamo, inoltre, utilizzare delle piante. Creano un ambiente familiare, più caldo e ospitale.

Arrediamo con le piante

Se abbiamo il pollice verde, scegliamo piante vere: purificheranno l'aria e doneranno colore all'ambiente. Altrimenti, puntiamo su piante finte, oppure su piante che hanno bisogno di poche cure, come, ad esempio, le piante grasse. In ogni caso, possiamo sempre rivolgerci al nostro fioraio di fiducia, che ci saprà consigliare la soluzione migliore.

Come comunicare l'identità aziendale al primo impatto

Nel nostro ufficio, tutto, ogni minimo dettaglio, racconterà del nostro lavoro, delle nostre attività e della nostra organizzazione. Il racconto comincia subito, come abbiamo visto, a partire dalla reception, dalla sala d'attesa. È qui che, infatti, i nostri visitatori entreranno in contatto con la nostra identità aziendale. E quale miglior supporto sul quale scrivere la nostra identità aziendale se non le pareti?

SEGRETO n. 3: utilizziamo le pareti per raccontare la nostra identità aziendale. Scegliamo le foto, ad esempio, dei nostri lavori migliori o dei nostri prodotti e ricaviamone dei poster, con i quali arrederemo le pareti del nostro ufficio.

Abbiamo creato un prodotto nuovo che non esisteva sul mercato? Facciamolo vedere. Abbiamo realizzato un impianto innovativo? Mettiamolo in mostra. Siamo sempre orgogliosi dei nostri lavori, esibiamoli come se fossero dei trofei. Sono i nostri trofei. Le foto, le immagini comunicano immediatamente.

Ma, ovviamente, da sole, le immagini non bastano, non sono sufficienti. Occorre integrarle con le parole, con le presentazioni aziendali, con le schede prodotto. E, così, per completare la narrazione della nostra identità aziendale, predisporremo dei porta depliant a parete, da terra o da tavolo, nei quali inseriremo le nostre presentazioni e le nostre schede prodotto. I nostri visitatori avranno, così, l'opportunità di vedere le presentazioni delle nostre realizzazioni. Potranno chiederci maggiori informazioni in proposito. Coccoliamo i nostri visitatori, facciamoli sentire importanti, perché lo sono.

Nel raccontare la nostra identità aziendale, atteniamoci alla realtà dei fatti, scriviamo la verità.

SEGRETO n. 4: siamo sinceri quando raccontiamo la nostra identità aziendale. Evidenziamo le attività nelle quali siamo davvero competenti e tralasciamo quelle che non rientrano nella nostra mission aziendale.

Perché raccontare qualcosa che non corrisponde alla verità? Probabilmente, per impressionare maggiormente i nostri visitatori. In realtà, creeremo solo delle attese che non saremo in grado di soddisfare. È molto meglio, quindi, dire: «Non possediamo le adeguate competenze per gestire questa attività, ma, se vuole, possiamo indicarle un nostro partner», piuttosto che affermare: «Non si preoccupi, siamo in grado di soddisfare la sua richiesta». Saremo apprezzati e la fiducia in noi aumenterà.

Gli affari

Come organizzare la postazione di lavoro

Abbiamo preparato la sala d'attesa e curato l'accoglienza dei nostri visitatori. Ci siamo preoccupati della gestione della "prima impressione". Dedichiamo, ora, la nostra attenzione al vero motore di tutto l'ufficio: la nostra postazione di lavoro quella cioè, della Segretaria di Direzione.

La postazione di lavoro

A tal proposito, alcune considerazioni che svilupperemo avranno applicabilità generali, ma la gran parte saranno riferite alla

Segretaria di Direzione. Ho già scritto, ad inizio capitolo, che una postazione di lavoro disorganizzata, piena, ad esempio, di carte buttate sulla scrivania in maniera disordinata, è il peggior biglietto da visita che possiamo fornire a un nostro visitatore. Comunichiamo un'immagine di inefficienza.

Inefficienza

Un'obiezione frequente da parte di coloro che lavorano con una scrivania come quella ritratta nella foto è che, nonostante il disordine, loro riescono tranquillamente a lavorare. Anzi, lavorano proprio grazie al disordine.

Affermano, infatti, che senza il disordine perderebbero i loro punti di riferimento, che trovano sempre quello che cercano e che, in un attimo, sono in grado di tirar fuori, dalle montagne di carte, quel piccolo appunto preso quel tal giorno a quella tale ora. Sarà anche così. Saranno davvero capaci di trovare in pochi istanti quel che cercano. Ma questo, a noi e ai nostri colleghi, non interessa.

Immaginiamo, infatti, cosa accadrebbe se a cercare quel piccolo appunto fossimo noi, in assenza del responsabile della scrivania. Immaginiamo la scena nella quale il responsabile della scrivania si trovasse costretto a trasmetterci, telefonicamente, la sua mappa mentale, con tutti i riferimenti per indirizzarci al piccolo appunto. Secondo voi, ci riuscirebbe? Noi saremmo in grado di trovare il piccolo appunto?

La capacità di lavorare grazie al disordine e di trovare in pochi istanti tutto quel che occorre, non interessa neanche ai nostri visitatori.

Disagio

Come ci sentiremmo a sederci a una scrivania zeppa di carte, senza la possibilità di prendere appunti, distratti dal cumulo di documenti? Ordiniamo, quindi, la nostra postazione di lavoro. Cominceremo dalle riviste, dalle cartelline, dai faldoni, insomma, dalla documentazione.

Io, preferisco partire dalla disposizione fisica dell'arredamento e delle attrezzature di lavoro. Cominciamo, quindi, dalla scrivania.

SEGRETO n. 5: scegliamo una postazione di lavoro a forma di L: è comoda e funzionale. Avremo così a disposizione due piani di lavoro.

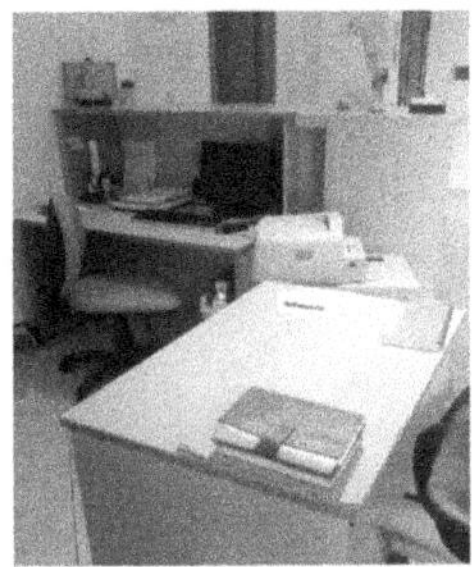

Postazione a forma di "L"

Una postazione a forma di L può essere costituita da un'unica scrivania o da due. In ogni caso, potremo utilizzare due piani di lavoro. Destineremo il primo ripiano all'operatività cioè, alle attrezzature di lavoro, PC, scanner, stampante ecc. Io la chiamo la scrivania "da combattimento".

Non vi sono particolari indicazioni circa la disposizione delle attrezzature, se non per il monitor del PC. È preferibile, infatti, sistemarlo in corrispondenza di uno dei due angoli del piano di lavoro (a sinistra o a destra, dipenderà dalla provenienza della luce e dalla disposizione della L).

Ottimizzeremo, così, lo spazio a nostra disposizione, limiteremo i riflessi della luce sul display del monitor e ridurremo le probabilità che il monitor sia visto da sguardi indiscreti.

Un'ultima considerazione è relativa alla stampante. Prima ho, ovviamente, fatto riferimento ai modelli piccoli, per l'appunto, da scrivania. È evidente che per i modelli più ingombranti, allestiremo una diversa sistemazione.

Il secondo piano di lavoro, invece, sarà destinato alle nostre relazioni con gli altri e alla gestione delle "pratiche". Intendo dire, cioè, che su questo secondo piano di lavoro consulteremo i faldoni/raccoglitori oppure accoglieremo i nostri visitatori o parleremo con i nostri colleghi. O, più semplicemente, potremo prendere appunti o pianificheremo la nostra giornata.

Una bella cassettiera, disposta sotto il secondo piano di lavoro, custodirà penne, matite, spillette o anche cartelline da sbrigare urgentemente. Fin qui, abbiamo visto come sistemare la nostra postazione di lavoro, badando soprattutto alla sua funzionalità. Ora vediamo come migliorare la nostra postazione, anche da un punto di vista ergonomico. Quante volte ci siamo sentiti ripetere da piccoli: «Schiena dritta, pancia in dentro e petto in fuori»? Sono passati anni, ma la regola è sempre valida. Specialmente adesso che, per lavoro, trascorriamo ore seduti alla nostra scrivania.

E la probabilità di assumere cattive abitudini circa la nostra postura è davvero alta. Posizioni errate possono causarci non pochi problemi di salute. Se non impariamo ad assumere la postura corretta, avremo in regalo dolori alla schiena, torcicollo, polsi doloranti e legamenti tirati.

Fastidi alla nostra salute possono, comunque, derivare non solo da posizioni sbagliate, ma anche, ad esempio, da una esposizione prolungata al monitor del PC. I nostri occhi possono accusare arrossamenti e bruciori, sino ad arrivare a un graduale abbassamento della vista.

Disponiamo, quindi, la nostra postazione di lavoro. Innanzitutto, la seduta. Dovrà essere rigorosamente ergonomica, regolabile in altezza e dotata di rotelline girevoli. Così potremo passare subito dal primo al secondo piano di lavoro e viceversa, velocizzando le nostre attività e mantenendo tutto sotto controllo.

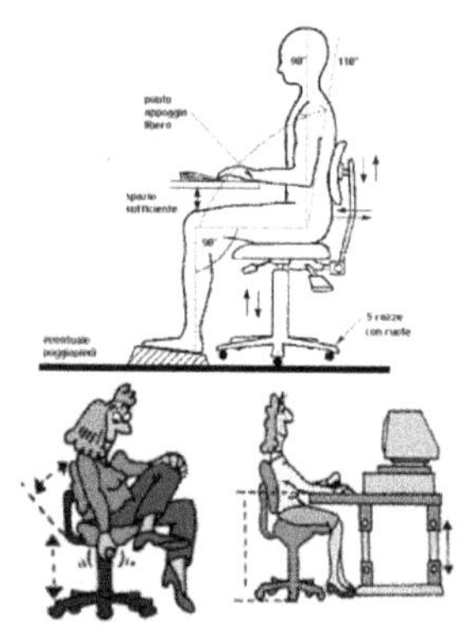

La giusta postazione (fonte INAIL)

La scrivania dovrà essere sufficientemente alta, circa 70/80 cm, per permetterci di muovere comodamente le gambe: eviteremo, così, fastidiosi disturbi di circolazione. La larghezza della scrivania, invece, dovrà essere tale da garantire la giusta distanza tra noi e il monitor, e, nello stesso tempo, tra il monitor, il mouse e la tastiera.

Il mouse e la tastiera non dovranno essere troppo vicini al bordo della scrivania. Noi, così, potremo appoggiare sulla scrivania i nostri avambracci, senza affaticarci inutilmente. Quale dovrebbe essere la giusta distanza tra noi e il monitor? Premettendo che, ovviamente, la distanza dipende dalla grandezza del monitor (maggiore è la seconda, più grande sarà la prima), in genere, può andar bene una distanza tra i 50 e i 70 cm.

Altro aspetto importante da prendere in considerazione, ai fini della predisposizione di una postazione di lavoro, è, infine, l'illuminazione. Abbiamo già visto, ad esempio, che se non posizioniamo correttamente il monitor, potremmo avere dei fastidi conseguenti a un eccesso di riflessi di luce.

Dobbiamo garantirci un'illuminazione sufficiente: una illuminazione adeguata dell'ufficio, in generale, e della postazione di lavoro, in particolare, è essenziale per il corretto svolgimento dell'attività lavorativa. Non affaticheremo la nostra vista e, soprattutto, non saremo costretti ad assumere posizioni scorrette per compensare la mancanza di luce. Utilizziamo, dove e quando ci sarà possibile, l'illuminazione naturale. Se non abbiamo, invece, a disposizione una quantità di luce naturale sufficiente, integriamola con lampade, da terra e da tavolo. Le lampade attualmente in commercio sono ergonomiche, migliorano la percezione dei colori e sono efficienti, sotto il profilo dei consumi energetici. Regoliamo la fonte di luce, in modo tale che la provenienza di quest'ultima sia in dipendenza della nostra postazione e delle nostre abitudini di lavoro: sarà alla nostra sinistra, se scriviamo con la mano destra, alla nostra destra, se siamo mancini.

Per chi fosse interessato ad approfondire il tema dell'organizzazione della postazione di lavoro, con particolare riferimento all'impiego dei videoterminali, consiglio di consultare, sul sito dell'INAIL, la guida *Videoterminali: guida all'utilizzo sicuro* a questo link.

RIEPILOGO DEL CAPITOLO 1:

- SEGRETO n. 1: Tutto quello che ci circonda ci rivela ai nostri visitatori. Prestiamo, quindi, la massima attenzione all'organizzazione del nostro ambiente di lavoro.
- SEGRETO n. 2: Mettiamo a disposizione dei nostri visitatori riviste professionali legate alla nostra attività. Le riviste di settore possono fornire ottimi spunti ai nostri visitatori.
- SEGRETO n. 3: Utilizziamo le pareti per raccontare la nostra identità aziendale. Scegliamo le foto, ad esempio, dei nostri lavori migliori o dei nostri prodotti e ricaviamone dei poster, con i quali arrederemo le pareti del nostro ufficio.
- SEGRETO n. 4: Siamo sinceri, quando raccontiamo la nostra identità aziendale. Evidenziamo le attività nelle quali siamo davvero competenti e tralasciamo quelle che non rientrano nella nostra mission aziendale.
- SEGRETO n. 5: Scegliamo una postazione di lavoro a forma di L: è comoda e funzionale. Avremo, così, a disposizione due piani di lavoro.

CAPITOLO 2:
Come gestire al meglio il nostro tempo

Nel precedente capitolo, abbiamo organizzato il nostro ufficio e, in particolare, la reception e la sala d'attesa. Abbiamo, quindi, sistemato la nostra postazione di lavoro.

Possiamo, ora, concentrarci sulla nostra giornata lavorativa, sulla gestione efficace del nostro tempo. Pianificheremo le attività da svolgere, attribuiremo la giusta priorità agli svariati impegni che caratterizzeranno la nostra giornata, affronteremo gli imprevisti con calma e lucidità.

Alla fine di questo capitolo, sapremo riempire la nostra agenda di impegni, trovando addirittura il tempo per concederci delle pause rilassanti che ci permetteranno di ripartire ogni volta più motivati di prima.

Come organizzare la giornata lavorativa

In ogni ufficio che si rispetti ci sono sempre molteplici attività da svolgere. I compiti sono sempre tanti. Telefonare al sig. Rossi, inviare il fax al sig. Chiari, chiedere l'appuntamento al sig. Verdi, ricordare al Capo la visita di quell'importante fornitore venuto dall'estero per incontrarlo, andare in banca e alla posta ecc.

Sono, evidentemente, solo degli esempi, ma danno l'idea degli impegni che quotidianamente affollano una normale giornata lavorativa della Segretaria di Direzione, il vero motore dell'ufficio. Il flusso delle attività, delle informazioni, infatti, parte da noi e arriva a noi. Noi le smistiamo all'interno e all'esterno dell'ufficio, coordinandole come un vigile a un incrocio trafficato.

Capo e colleghi dipendono da noi, dal nostro lavoro e dalla puntualità con la quale assolviamo ai nostri compiti. Siamo noi che dettiamo i ritmi di lavoro dell'ufficio. E per poter far questo, dobbiamo essere sempre lucidi e concentrati sui nostri mille impegni quotidiani. Come?

SEGRETO n. 6: annotiamo sempre tutto quello che riguarda l'ufficio: appuntamenti, organizzazione di riunioni e attività

da svolgere.

Possiamo cominciare usando un blocco note, magari realizzato da noi con carta usata. Ricicliamo delle vecchie comunicazioni senza importanza, piuttosto che usare dei fogli puliti. Dividiamo i fogli in due o quattro parti e ricaviamone dei blocchi note. Riciclare la carta per prendere appunti può essere una soluzione: di sicuro, non danneggeremo l'ambiente. Possiamo poi, comunque, riportare gli appunti presi sulla nostra agenda, cartacea o elettronica, ad esempio Microsoft Outlook.

L'Agenda

Scegliamo il mezzo con il quale abbiamo più confidenza e con il quale riusciamo a organizzarci più velocemente.

Io utilizzo uno smartphone per prendere appunti e registrare ogni appuntamento, ogni evento, ogni attività da svolgere. E, puntualmente, quel tale giorno a quella tale ora, il mio smartphone mi avvisa dell'avvenimento registrato: così, io non corro mai il rischio di dimenticarmene.

Mi trovo bene con lo smartphone, perché posso portarlo sempre con me e posso consultarlo in qualsiasi momento e ovunque mi trovo. Posso, inoltre, scaricare l'agenda memorizzata dello smartphone sul PC, su Microsoft Outlook. E da qui, inviare l'appuntamento anche ai colleghi interessati. Registrare gli impegni è fondamentale, perché così liberiamo la nostra mente per attività più importanti. Per ricordare, bastano un semplice foglio di carta o uno smartphone. Anche se abbiamo una buona memoria, prendiamo nota sempre dei nostri impegni.

SEGRETO n. 7: appuntiamo subito quel che abbiamo da fare. Non appena sappiamo che dobbiamo, tra un'ora, un giorno o un mese, effettuare un'attività, stabilire un appuntamento o organizzare una riunione, registriamo subito il nostro compito.

Avremo, così, davvero il controllo di tutto quel che avviene in ufficio.

Come pianificare le attività trasformandole in obiettivi

Abbiamo imparato che, ai fini di un'efficace organizzazione del lavoro, nostro e di quello dei nostri colleghi, è importante tenere nota di ogni evento che ha luogo nell'ufficio. Il passo successivo è la pianificazione delle attività aziendali.

Ma, per poter procedere ad una adeguata pianificazione delle attività, dobbiamo, prima, stabilire una scala gerarchica delle stesse. Dobbiamo, cioè, definire una scala di priorità.

Non tutte le attività da svolgere presentano, infatti, lo stesso grado di importanza o di urgenza. La valutazione dell'importanza o dell'urgenza di quel che c'è da fare, rappresenta una fase delicata ma necessaria del nostro lavoro, che ci consente di ottimizzare il tempo a disposizione. Non è possibile dedicare la stessa attenzione e la stessa concentrazione a tutti i nostri impegni. Dovremo necessariamente operare una selezione.

Grado di importanza degli eventi

Dobbiamo, quindi, distribuire lungo l'intero arco della giornata lavorativa una serie di impegni. Come fare? A inizio giornata, generalmente, ci sentiamo più freschi e riposati. Possiamo, quindi, destinare a questa parte della giornata le attività più impegnative.

SEGRETO n. 8: destiniamo alla prima parte della giornata le attività più impegnative, quelle, cioè, che implicano la massima concentrazione da parte nostra.

Mi riferisco anche a quelle attività che richiedono un coinvolgimento emotivo particolarmente elevato: è facilmente comprensibile che la nostra tensione aumenti quando sappiamo che un eventuale errore da parte nostra potrebbe avere ricadute negative per l'azienda.

Penso alla preparazione della documentazione necessaria ai fini della partecipazione a una gara d'appalto. Oppure, alla chiusura di un'importante offerta tecnico-economica. O, ancora, alla raccolta delle informazioni da trasmettere al capo, perché questi possa valutare nuove partnership commerciali, in vista dell'apertura di nuovi business.

Commettere un errore durante lo svolgimento di una di queste attività è ben più grave che sbagliare nel riportare un nominativo nell'agenda telefonica oppure nel protocollare un fax.

Nella seconda parte della giornata, dopo la pausa pranzo, possiamo, invece, assolvere agli impegni di routine, che implicano, cioè, la ripetizione metodica di attività: riordino degli archivi, risposta a email e fax, gestione appuntamenti con agenti, invio di newsletter aziendali ecc.

Quando pianificare le attività di una giornata lavorativa

Io, generalmente, riservo l'ultimo quarto d'ora della mia giornata, a programmare la giornata successiva. La mattina, arrivati in ufficio, verifichiamo che non siano arrivati fax o email ai quali dare seguito con urgenza, facciamo il punto della situazione con il capo e i colleghi, controllando con loro gli impegni della giornata. A questo punto, possiamo consultare la nostra agenda e partire con le mille cose da fare.

Inizio giornata lavorativa

Tutto bello sulla carta. Ma la realtà aziendale è, invece, ben diversa. Pianifichiamo le attività aziendali, perché è importante farlo. Ma, per noi, è altrettanto importante sapere che sarà estremamente difficile avere la tranquillità necessaria per poter assolvere agli impegni con tanta cura programmati.

Gli imprevisti, i contrattempi sono all'ordine del giorno in un ufficio. E noi dobbiamo essere pronti a gestirli. Possiamo, ad esempio, provare a ridurre le probabilità che avvengano. O attivare la segreteria telefonica, quando avviamo un'attività impegnativa.

Torno subito

Ma non potremo certo impedire al capo di piombare tra le nostre carte e di chiederci di inviare urgentemente un'offerta a un nuovo cliente. Bastano pochi secondi per gestire l'interruzione improvvisa: occorre solo mantenere la calma e la lucidità.

In questi casi, io mi comporto così: porto a termine, comunque, quel che stavo facendo al momento dell'interruzione. Se stavo approntando, ad esempio, una dichiarazione da inserire nel plico da inviare per la partecipazione a una gara, concludo l'elaborazione della dichiarazione e annoto quel che mi resta da fare, per completare la documentazione.

Nonostante gli imprevisti, cerchiamo di non rimandare mai le attività programmate. Il rischio, infatti, è di sovrapporle ad altri impegni e, quindi, di svolgerle in maniera frettolosa o, addirittura, non eseguirle affatto. Vi suggerisco un trucco.

SEGRETO n. 9: premiamoci, quando raggiungiamo degli obiettivi. Il premio ci darà la giusta carica e ci farà riprendere a lavorare più motivati di prima.

Premio

Il mio premio, ad esempio, è un bel caffè caldo rigorosamente macchiato. Concediamoci una pausa tra la conclusione di un'attività e l'inizio della successiva. Stacchiamo, insomma, la spina per qualche minuto. Alziamoci, camminiamo, scambiamo quattro chiacchiere con un nostro collega. La pausa, anche solo di pochi minuti, ci ricaricherà.

Alla ripresa, avremo maggiore lucidità e ci sarà più facile affrontare un nuovo impegno. Questo suggerimento mi fu dato in passato e devo dire che funziona davvero.

Come gestire i contrattempi

I contrattempi sono all'ordine del giorno in qualsiasi ufficio, in qualsiasi azienda. Quel che cambia da ufficio a ufficio, da azienda ad azienda è la reazione a essi. Non sempre, infatti, conserviamo la lucidità necessaria per gestire in maniera adeguata l'imprevisto. Desidero, a tal proposito, raccontarvi un episodio capitato circa un anno fa.

Avevamo appena aperto il cantiere per la realizzazione di un impianto fotovoltaico. Il direttore dei lavori era lì, in attesa, come da programma, del corriere per la consegna del materiale. Quando il corriere arrivò, il direttore dei lavori eseguì il controllo in accettazione e si accorse che non tutto il materiale acquistato era stato consegnato: mancava all'appello una pedana regolarmente annotata sulla bolla di consegna. Il direttore mi avvisò immediatamente, in ufficio.

Fui spiazzata dalla notizia. Il cliente assisteva alla scena sul cantiere e chiedeva spiegazioni al direttore dei lavori. Anche la squadra di installatori era lì e, ormai, non c'era più il tempo per spostarla su un altro cantiere. Mi sentii sopraffare dagli avvenimenti. Mi appoggiai allo schienale della poltroncina, chiusi gli occhi, respirai piano e a fondo e contai fino a dieci. Ora, avevo le idee più chiare.

Contare fino a 10

Chiamai il direttore dei lavori e gli dissi di cominciare a lavorare con il materiale disponibile. In questo modo, dimostravamo di essere in grado di soddisfare immediatamente le esigenze del cliente.

Subito dopo, contattai il nostro fornitore e lo informai dell'accaduto. Con un giro di telefonate, individuammo quale era stato il problema e lo risolvemmo: rintracciammo la pedana mancante e il corriere la consegnò il giorno dopo sul cantiere.

SEGRETO n. 10: prima di prendere una decisione importante, contiamo fino a dieci. La risoluzione del problema ci risulterà più facile e saremo in grado di capovolgere la situazione a nostro vantaggio.

RIEPILOGO DEL CAPITOLO 2:

- SEGRETO n. 6: Annotiamo sempre tutto quello che riguarda l'ufficio: appuntamenti, organizzazione di riunioni e attività da svolgere.
- SEGRETO n. 7: Appuntiamo subito quel che abbiamo da fare. Non appena sappiamo che dobbiamo, tra un'ora, un giorno o un mese, effettuare un'attività, stabilire un appuntamento o organizzare una riunione, registriamo subito il nostro compito.
- SEGRETO n. 8: Destiniamo alla prima parte della giornata le attività più impegnative, quelle, cioè, che implicano la massima concentrazione da parte nostra.
- SEGRETO n. 9: Premiamoci, quando raggiungiamo degli obiettivi. Il premio ci darà la giusta carica e ci farà riprendere a lavorare più motivati di prima.
- SEGRETO n. 10: Prima di prendere una decisione importante, contiamo fino a dieci. La risoluzione del problema ci risulterà più facile e saremo in grado di capovolgere la situazione a nostro vantaggio.

CAPITOLO 3:
Come organizzare la documentazione

In ogni ufficio troveremo almeno un archivio. Se l'archivio è ben organizzato e ordinato, il disbrigo delle "pratiche" sarà semplificato e la gestione della comunicazione aziendale interna ed esterna risulterà agevolata.

In questo capitolo, vedremo come organizzare un archivio, come impostare e gestire il protocollo della documentazione, in generale, e della corrispondenza in entrata e in uscita, in particolare. Impareremo a gestire un archivio efficiente, mantenendo sotto controllo tutta la documentazione aziendale.

Come organizzare gli archivi

L'organizzazione del sistema di archiviazione della documentazione di un'azienda, piccola o grande che sia, è un'attività fondamentale. Solo così, possiamo mantenere sotto controllo ogni aspetto della vita aziendale, collegando il passato al presente.

Archivio

Cosa è un archivio

«*L'archivio è una struttura permanente che raccoglie, inventaria e conserva documenti originali di interesse storico e ne assicura la consultazione per finalità di studio e di ricerca*» (Codice dei beni culturali e del paesaggio – D.Lgs 22 gennaio 2004, n. 42, art. 101, comma 2, lettera c).

Va bene, ma, per quel che ci interessa, possiamo anche definire l'archivio come un sistema ordinato di documenti creati o ricevuti durante lo svolgimento delle nostre attività.

Come è strutturato un archivio

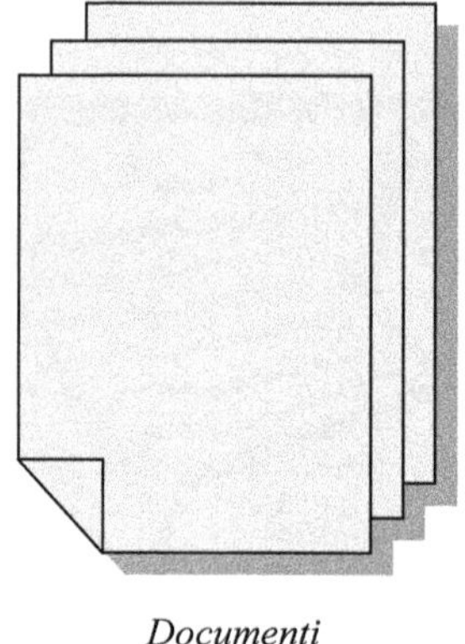

Documenti

Prima di tutto, c'è la corrispondenza: email, fax, comunicazioni postali. La identificheremo con numeri di protocollo e la gestiremo, conservandola in due sezioni: *protocolli in uscita* e *protocolli in entrata*. Vedremo in seguito come procedere.

Abbiamo, poi, la documentazione commerciale: offerte, ordini, conferme d'ordine. Impostiamo, anche in questo caso, una gestione basata su una numerazione in uscita e in entrata.

Abbiamo, infine, la documentazione amministrativa: prima nota, documenti di trasporto, fatture clienti, fatture fornitori, banca e scadenze. La gestione della documentazione amministrativa può essere affidata a un buon programma di contabilità che può comprendere anche la documentazione commerciale. Sul mercato, sono disponibili diverse opzioni.

Per cominciare, possiamo provare con uno di quei software scaricabili gratuitamente da internet, ad esempio, dal sito softonic.it, sul quale si trovano guide a programmi e applicazioni di ogni tipo e dal quale possiamo scaricare quello che ci interessa, seguendo i vari consigli postati di volta in volta da esperti e internauti.

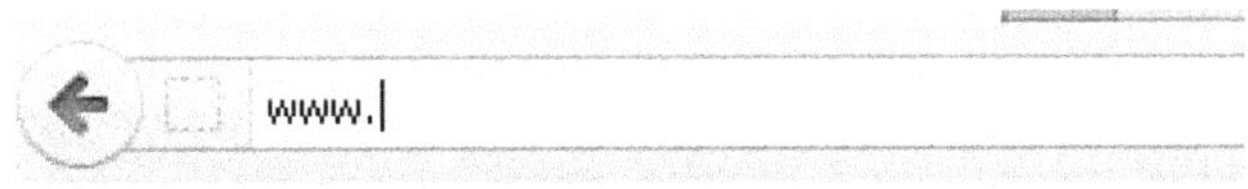

Software free da internet

Altro sito interessante che consiglio di consultare è contabilità-pmi.it, dal quale è possibile scaricare la versione light di un ottimo programma di contabilità, caratterizzato da funzioni semplici e intuitive. Ho avuto modo di utilizzarlo personalmente e ritengo sia l'ideale per iniziare ad acquisire dimestichezza con questo genere di software.

Queste soluzioni, ovviamente, possono andare bene, se noi badiamo alla semplice gestione contabile e siamo supportati da un commercialista che ci assiste e provvede alle varie incombenze fiscali. In caso contrario, rivolgiamoci a degli esperti.

SEGRETO n. 11: contattiamo una buona software house, per la gestione della contabilità interna: saprà trovare la soluzione adatta alle necessità aziendali.

Quando ho cominciato a lavorare, anni fa, il mio primo impiego fu presso un'azienda manifatturiera. In azienda, era prevista la gestione della contabilità interna e anche la cura della gestione del magazzino e della distinta base.

Ci rivolgemmo a una software house che, analizzata la nostra realtà, ci confezionò un programma di contabilità integrata con il magazzino, ritagliato sulle nostre esigenze. Con una semplice operazione, potevamo gestire il magazzino, aggiornando contemporaneamente la contabilità.

Vediamo, ora, l'organizzazione dei due archivi, relativi alla corrispondenza (*archivio dei protocolli*) e alla documentazione commerciale (*archivio commerciale*).

Come protocollare la corrispondenza in entrata e in uscita

Cominciamo dalla gestione della corrispondenza, dall'organizzazione, cioè, dell'archivio che abbiamo definito dei Protocolli.

La documentazione con la quale avremo a che fare è costituita da corrispondenza cartacea (lettere, telegrammi ecc.), fax ed email. Le email rientrano, a pieno titolo, nella corrispondenza aziendale, esattamente come fax e comunicazioni inviate o ricevute a mezzo posta ordinaria. E come tali devono essere amministrate.

Il primo passo della gestione della corrispondenza consiste nell'attribuzione del numero di protocollo. Dovremo protocollare tutte le comunicazioni? Naturalmente, no.

SEGRETO n. 12: esaminiamo il contenuto di una comunicazione e valutiamone l'importanza rispetto alle priorità aziendali.

È inutile protocollare comunicazioni relative ad un argomento non direttamente attinente alle attività o agli interessi aziendali presenti e, per quel che a noi può risultare, futuri (come ad esempio: offerte commerciali, newsletter, programmi di corsi ecc.). Non le protocolleremo, perché non le conserveremo.

Eliminiamo la corrispondenza inutile

Quando parlo di protocollare un'email, un fax, o, più in generale, una comunicazione, voglio dire che registrerò quella email, quel fax, insomma, quella comunicazione in un elenco creato appositamente, assegnando ad essa un numero in ordine di data, così, potrò rintracciarla in pochi istanti, evitando inutili perdite di tempo.

Andiamo per gradi. Vediamo in cosa consiste l'identificazione della documentazione. Utilizziamo un foglio elettronico (Microsoft Excel), per creare un elenco, caratterizzato da una serie di voci. Attribuiamo un numero di registrazione, in ordine crescente, riferito all'anno in corso.

Protocollata in tal modo la comunicazione, completiamo

l'identificazione, indicando il nome del mittente/destinatario (la procedura, infatti, è la stessa sia per la corrispondenza in entrata che in uscita) la data di ricezione/invio, l'oggetto della comunicazione, il mezzo (email, fax, posta) con il quale l'abbiamo ricevuta/inviata ed eventuali note.

Ecco un esempio:

A	B	C	D	E	F	G
PROTOCOLLO	Destinatario	data	data ricezione	MEZZO	OGGETTO	NOTE

Registro protocolli

Per creare il registro protocolli, io uso Microsoft Excel.
È davvero semplice da utilizzare e consente di effettuare ricerche mirate, grazie alla funzione Filtro.

SEGRETO n. 13: effettuiamo ricerche nel registro protocolli, utilizzando la funzione Filtro di Microsoft Excel. Troveremo più velocemente le informazioni che cerchiamo.

In tal modo, possiamo trovare in pochi secondi tutta la corrispondenza del sig. Rossi, relativa a una determinata data o riguardante una particolare offerta. Nel nostro caso, i parametri di ricerca corrisponderanno alle voci che abbiamo creato nel registro protocolli. Così, a seconda che stiamo parlando di mittente/data di ricezione o di destinatario/data di invio, il nostro registro protocolli appena creato diventa rispettivamente *protocolli in entrata* o *protocolli in uscita.*

Tutti coloro che preferiscono una gestione cartacea del protocollo, non avranno problemi a trovare il registro *protocollo corrispondenza* presso qualunque cartolibreria: risponderà alle loro esigenze e sarà di immediata utilizzabilità. Io preferisco, comunque, la gestione informatica del registro protocolli per la corrispondenza in entrata e in uscita.

L'archivio dei protocolli

L'archivio dei protocolli è l'archivio della corrispondenza. Al suo interno conserveremo email, fax e corrispondenza cartacea.

Il primo passo per l'organizzazione dell'archivio è la creazione di una cartella che nomineremo *Protocolli.* All'interno di questa cartella, ne creiamo altre due: *In Entrata* e *In Uscita.*

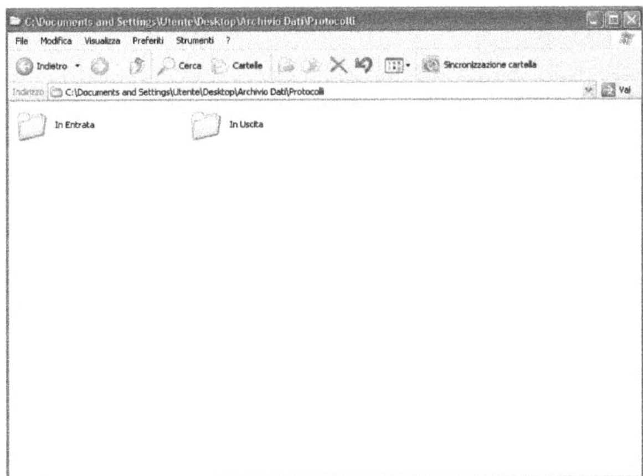

Cartelle "In Entrata e In uscita"

Apriamo la cartella *In Entrata* e creiamo una sottocartella che nomineremo *2012.*

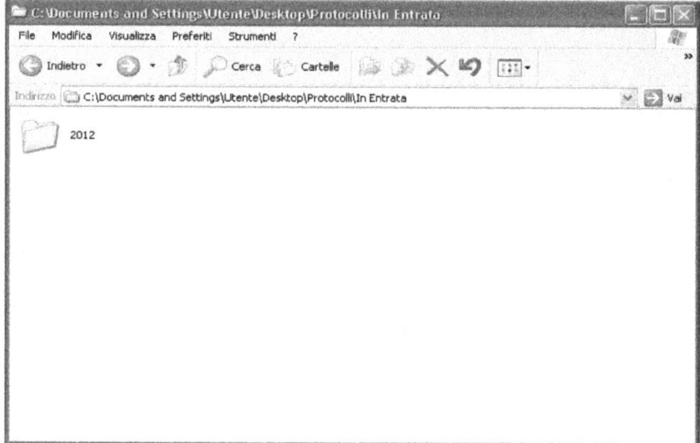

Sottocartella "2012" – Cartella "In Entrata"

In questa cartella salveremo il file Excel *Protocolli in Entrata* e la corrispondenza in entrata relativa all'anno 2012.

Partiamo dalle email. Il 12 maggio 2012, abbiamo ricevuto l'email del sig. Rossi, nostro cliente abituale, nella quale siamo avvisati della variazione del suo indirizzo di fatturazione.

Apriamo il file Excel *Protocolli in Entrata* e compiliamolo, annotandovi i dati relativi all'email del sig. Rossi:

- il numero di protocollo: 001/12;
- il nome del mittente: Sig. Rossi;
- la data di invio dell'email: 12.05.2012;
- la data di ricezione da parte nostra: 12.05.2012;

- il mezzo con il quale la comunicazione è stata inviata: email;
- l'oggetto della comunicazione: cambio indirizzo di fatturazione;
- eventuali note: il cambio è dal mese di luglio.

Protocollata, quindi, l'email, ne salviamo una copia nella sottocartella *2012* della cartella *In Entrata.* Il nome che attribuiremo alla copia dell'email sarà: 00112 – Sig. Rossi – cambio indirizzo di fatturazione. In generale, quindi, all'email sarà assegnato un nome, secondo il seguente formato: Numero di Protocollo – Nome Mittente – Oggetto.

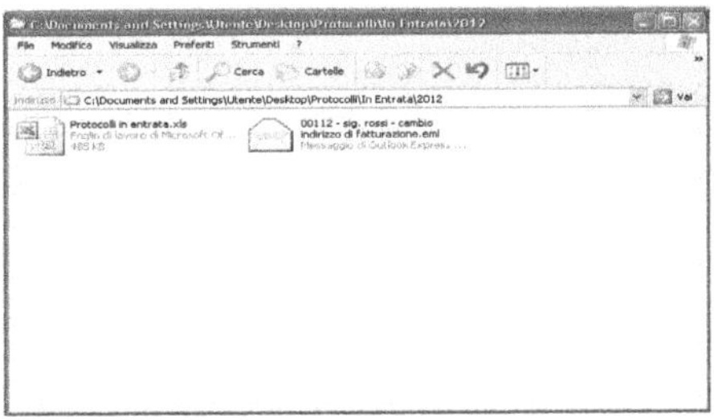

Sottocartella "2012"

Salvata l'email all'interno della sottocartella 2012, la linkiamo al file Excel *Protocolli in Entrata.* Ricordo che per link, ovvero collegamento ipertestuale, si intende: *«Un collegamento ipertestuale è un rinvio da un'unità informativa su supporto digitale ad un'altra. Un collegamento ipertestuale ha lo scopo di condurre ad ulteriori unità informative - documenti, immagini, etc. - a partire da una prima unità ad esse correlata»* (fonte Wikipedia).

Il link all'email, in particolare, viene inserito in corrispondenza del numero di protocollo corrispondente annotato nel file Excel. Di seguito, nell'immagine, è riportata la fase di creazione del link.

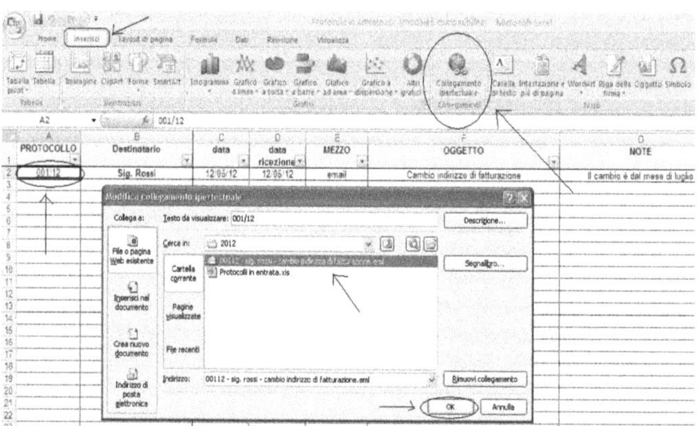

Collegamento ipertestuale

Grazie a questo semplice accorgimento (salvare le email in una cartella dedicata e linkarle al file excel) abbiamo creato un archivio agevolmente consultabile. Ci occorreranno, infatti, soltanto il mouse e il file *Protocolli in Entrata*, per avere a disposizione tutta la corrispondenza. Tutto questo senza bisogno di alzarci continuamente dalla nostra postazione.

I fax e la corrispondenza cartacea saranno protocollati in maniera analoga a quella adottata per le email. La numerazione assegnata sarà unica per tutta la corrispondenza, indipendentemente dal mezzo (email, fax, posta) delle comunicazioni. L'unica differenza rispetto alle email è la preliminare creazione del formato informatico per i fax e la documentazione cartacea.

Scannerizziamo, quindi, fax e corrispondenza cartacea e inseriamoli nel nostro archivio informatico. In questo modo, pur conservando gli originali su carta, avremo tutta la corrispondenza a portata di mouse.

Abbiamo, quindi, visto come creare e consultare l'archivio dei protocolli, per la corrispondenza in entrata. Del tutto uguale è la creazione del corrispondente archivio dei protocolli, per la corrispondenza in uscita. Basta sostituire, la dove previsto, alla voce *mittente* la voce *destinatario*, e l'archivio è pronto.

La corrispondenza in entrata e in uscita: l'archivio cartaceo

Fin qui, abbiamo considerato esclusivamente la modalità di

archiviazione completamente informatica cioè trasformando, ad esempio, la documentazione cartacea in file digitali.

Possiamo scegliere di fare il contrario stampando le email e conservandole insieme ai fax e alla corrispondenza cartacea e ricorrendo all'utilizzo di archivi fisici (inserendo, ad esempio, la corrispondenza cartacea in contenitori ad anelli).

Tra i due sistemi di archiviazione, personalmente, come già detto, preferisco il primo, quello informatico. Niente ingombri e niente faldoni inutili. Massima semplificazione e ottimizzazione del lavoro.

Archivio cartaceo

Come gestire fax, offerte e ordini

Abbiamo creato l'archivio dei protocolli, relativo, cioè, alla corrispondenza, sia in entrata che in uscita. La procedura che abbiamo seguito può essere adottata anche per creare l'archivio della documentazione commerciale, che conterrà offerte, ordini e/o conferme d'ordine. Il principio è lo stesso.

Se optiamo per la modalità informatica, allora, creeremo una cartella *Offerte*, con all'interno due sottocartelle *Offerte in Entrata* e *Offerte in Uscita*, che, a loro volta, saranno suddivise in tante cartelle quanti sono gli anni di archiviazione.

E per la gestione delle relative registrazioni, useremo dei file Excel con le stesse caratteristiche dei protocolli in entrata e dei protocolli in uscita. Avremo, così, i seguenti file Excel: offerte in entrata e offerte in uscita, ordini in entrata e ordini in uscita.

Ricordiamoci sempre che le offerte, gli ordini e le conferme d'ordine dovranno avere una gestione separata da quella dei protocolli: un ulteriore buon motivo per studiare ogni documento che entra in azienda e per poter procedere alla sua corretta gestione.

Abbiamo, quindi, i nostri archivi: che siano su supporto

informatico o cartaceo, non importa. Ancora una considerazione indirizzata a chi sceglierà la modalità di archiviazione informatica: provvediamo sempre al relativo backup dei dati.

SEGRETO n. 14: eseguiamo un backup almeno settimanale dei nostri dati. Avremo sempre una copia dei nostri archivi e non rischieremo di perdere il nostro lavoro.

Adottiamo, inoltre, piccoli accorgimenti, quali utilizzare per la contabilità un PC a parte. Oppure, dotiamoci di una o più memorie esterne, sulle quali salvare gli archivi informatici.

RIEPILOGO DEL CAPITOLO 3:

- SEGRETO n. 11: Contattiamo una buona software house, per la gestione della contabilità interna, saprà trovare la soluzione adatta alle necessità aziendali.
- SEGRETO n. 12: Esaminiamo il contenuto di una comunicazione e valutiamone l'importanza rispetto alle priorità aziendali.
- SEGRETO n. 13: Effettuiamo ricerche nel registro protocolli, utilizzando la funzione Filtro di Microsoft Excel. Troveremo più velocemente le informazioni che cerchiamo.
- SEGRETO n. 14: Eseguiamo un backup almeno settimanale dei nostri dati. Avremo sempre una copia dei nostri archivi e non rischieremo di perdere il nostro lavoro.

CAPITOLO 4:
Come gestire la comunicazione e coordinare le attività altrui

Nei precedenti tre capitoli, abbiamo visto, passo dopo passo e grazie a spunti pratici e semplici da replicare, come organizzare il nostro ufficio, sia sotto il profilo della disposizione fisica dell'arredamento e delle attrezzature da lavoro, sia dal punto di vista dell'archiviazione della documentazione aziendale.

Leggendo quest'ultimo capitolo impareremo, invece, a gestire la comunicazione e a coordinare le attività dei nostri colleghi in generale, e del capo in particolare. Vedremo, ad esempio, i passi da seguire per organizzare una riunione. Saremo in grado di affiancare il nostro capo che acquisterà ogni giorno maggior fiducia in noi e nelle nostre capacità organizzative, affidandoci un numero crescente di incarichi importanti, nella consapevolezza di aver lasciato l'ufficio in buone mani.

Come gestire le comunicazioni in entrata e in uscita

«Non si può non comunicare», scriveva Paul Watzlawick.

Ogni gesto è comunicazione, anche il silenzio. La comunicazione è alla base dei rapporti umani e, quindi, anche lavorativi. Impariamo, allora, a gestirla efficacemente.

La comunicazione, in ambito aziendale, può avvenire secondo varie modalità: per email, per telefono, via fax oppure verbalmente. Qualunque sia il mezzo scelto, rispettiamo le poche semplici regole che governano la comunicazione. Cominciamo dallo scopo del messaggio. Assicuriamoci di avere ben chiaro in mente l'obiettivo che vogliamo perseguire. E, conseguentemente, il motivo per il quale comunichiamo.

Forse può sembrare banale il dover ricordare a noi stessi perché stiamo comunicando, ma vi assicuro che, purtroppo, spessissimo, all'interno di uffici e aziende, le persone svolgono attività o assumono comportamenti senza averne piena consapevolezza. Premuriamoci, quindi, di avere ben chiaro in mente il messaggio da inviare.

Email

Le email costituiscono la maniera più veloce e informale per comunicare. Certo, vi sono anche gli sms o i *cinguettii* di twitter, ma, in questo caso, cominciamo a entrare in un ambito più personale. L'email non è una lettera, né tantomeno è un suo surrogato. Le email sono brevi, si arriva immediatamente al dunque. Se c'è bisogno di approfondire un argomento, alleghiamo pure documenti esplicativi o link a siti dove reperire le informazioni occorrenti.

Valutiamo, inoltre, a chi stiamo inviando l'email. Se stiamo spedendo un'email a una segretaria di direzione o a un impiegato, è alta la probabilità che il destinatario legga l'email sul proprio PC in ufficio. Potremo, conseguentemente, articolare in più frasi brevi il nostro messaggio. Se l'email è, invece, indirizzata a un dirigente, un manager o addirittura il titolare di un'azienda, con ogni probabilità, il nostro testo verrà visionato direttamente sullo smartphone, fuori ufficio.

Il destinatario dell'email ci concederà, cioè, pochi istanti, per una consultazione veloce. E in quei pochi istanti, deciderà se il testo è di suo interesse o no. In questo caso, allora, condensiamo il messaggio in un'unica frase. Dovremo essere chiari ed essenziali. A cominciare dall'oggetto. Nella redazione di un'email, indichiamo sempre l'oggetto del nostro messaggio.

SEGRETO n. 15: nella redazione di un'email, indichiamo sempre l'oggetto. Un'email sprovvista di oggetto verrà quasi sicuramente cestinata.

Inviando, infatti, email sprovviste di oggetto, non diamo al destinatario la possibilità di stabilire immediatamente il suo interesse nei confronti del nostro messaggio e, quindi, di valutarne il grado di importanza. Specifichiamo, perciò, qual è l'argomento del testo dell'email già nel campo riservato all'oggetto. Alla fine del testo dell'email, inseriamo, invece, i nostri riferimenti.

Quando inviamo un'email a più destinatari, non inseriamo i relativi indirizzi nel campo "A". Così facendo, proteggeremo la privacy di ogni destinatario ed eviteremo il diffondersi di virus automatici.
Io, per esempio, utilizzo il campo "Ccn" (per conoscenza nascosta), per gli indirizzi dei destinatari. Nel campo "A", digito, invece, l'indirizzo della nostra società.

SEGRETO n. 16: impostiamo una firma da utilizzare ogni volta che spediamo un'email. La firma dovrebbe contenere, quantomeno, il nostro nominativo, la nostra qualifica all'interno dell'azienda, il nome dell'azienda e i recapiti relativi.

Le telefonate

Anche per effettuare una telefonata, dobbiamo avere ben chiaro in mente l'obiettivo da raggiungere. Le telefonate possono essere in uscita (siamo noi a telefonare) o in entrata (siamo noi a rispondere). Prima, comunque, di vedere in dettaglio come si telefona o come si risponde a una telefonata, desidero fornire una serie di suggerimenti di carattere generale.

Cominciamo dalle attrezzature di lavoro occorrenti. Dotiamoci di telefono con cuffie e microfono. Avremo, in tal modo, le mani libere per prendere appunti o per consultare file utili nel corso della telefonata.

Usiamo le cuffie per telefonare

Potremo, così, gestire con calma la telefonata. Una volta al telefono, non pensiamo ad altro e non svolgiamo altre attività, se non quelle strettamente collegate all'argomento della telefonata. Correremmo il rischio di non concentrarci su quello che stiamo facendo (telefonare o rispondere) e sull'obiettivo da raggiungere. Metteremmo, inoltre, a disagio il nostro interlocutore che, pur non vedendoci, si renderà perfettamente conto di non essere al centro della nostra attenzione.

Le telefonate in uscita

Nell'arco della nostra giornata lavorativa avremo più volte la necessità di telefonare. Potremmo, però, per una serie di motivi, avere difficoltà o, comunque, non avere voglia di effettuare le telefonate. I motivi possono essere diversi, ma, con ogni probabilità, possono essere ricondotti a una nostra insicurezza.

Forse, infatti, mai nessuno ci ha spiegato come va fatta una telefonata. Oppure, non abbiamo ben chiaro l’obiettivo da raggiungere. O ancora, semplicemente, abbiamo a che fare con la classica “patata bollente” passataci da un collega o, peggio ancora, dal capo. Vi sembra eccessivo? Telefonare può sembrare la cosa più semplice da fare certo, ma al di fuori della giornata lavorativa.

Qualunque sia il motivo delle nostre esitazioni, rassegniamoci: la telefonata va fatta nei tempi preventivati e senza alcun rinvio. Concentriamoci, allora, su come deve essere fatta. Una telefonata di lavoro deve seguire una serie di regole. Poche e semplici da imparare. Innanzitutto, l’obiettivo. Solo così potremo avere il controllo della conversazione.

Se non siamo sicuri di aver ben capito il motivo della telefonata non dobbiamo aver paura di tornare dal capo o dal collega per eliminare con lui ogni nostro possibile dubbio. Chiarito a noi stessi l’obiettivo, prepariamoci alla telefonata. Chiudiamo la porta della nostra stanza, abitualmente sempre aperta. I nostri colleghi capiranno che non vogliamo essere disturbati. Assicuriamoci di avere sempre a portata di mano il nostro blocco note (abbiamo visto nel secondo capitolo come prepararcene uno, riutilizzando i fogli usati), una penna e/o una matita. Appena il nostro interlocutore risponde, dopo aver salutato, presentiamoci immediatamente, senza aspettare che sia lui a chiedere la nostra identità.

Telefonare

SEGRETO n. 17: quando telefoniamo, presentiamoci: diciamo il nostro nome, la nostra qualifica e l'azienda per la quale lavoriamo.

Nel corso della telefonata, siamo cortesi ma fermi: abbiamo un obiettivo da raggiungere. Esponiamo con calma e con chiarezza il motivo della nostra telefonata. Ascoltiamo il nostro interlocutore senza interromperlo e senza distrarci. Manteniamo sempre e comunque il controllo della telefonata. Facciamo capire che siamo determinati a raggiungere il nostro obiettivo.

Se, ad esempio, ci viene detto che la persona con la quale avremmo dovuto parlare non c'è o non è disponibile, chiediamo quando sarà possibile contattarla, invitando, cortesemente, ma fermamente, il nostro interlocutore a darci una risposta non ambigua.

Non supponiamo di aver capito quello che ci viene comunicato all'altro capo del telefono. Se le risposte non risultano chiare, chiediamo spiegazioni. Cancelliamo ogni nostro minimo dubbio, non diamo nulla per scontato altrimenti corriamo il rischio di diffondere informazioni inesatte all'interno della nostra azienda.

Le telefonate in entrata

Come abbiamo appena visto, possiamo prepararci alle telefonate in uscita. Siamo, cioè, noi a scegliere il momento nel quale telefonare. Questo non è vero per le telefonate in entrata: arrivano senza preavviso. E, comunque, dobbiamo essere preparati a riceverle.

Rispondere al telefono

Una regola fondamentale da tener presente quando squilla il telefono i tempi di attesa. Chi ci sta chiamando si aspetta che noi siamo in ufficio. Si aspetta, cioè, una risposta pronta. Solleviamo la cornetta, perciò, non oltre i tre squilli.

Presentiamoci immediatamente: non costringiamo chi ci chiama a chiederci con chi sta parlando. Subito dopo, a nostra volta, chiediamo il nome del nostro interlocutore, se questi non ce lo avesse già comunicato. Ascoltiamo il nostro interlocutore senza mai interromperlo. Concentriamoci sulle sue esigenze. Non dobbiamo supporle. Se abbiamo dubbi, ancora una volta, chiediamo spiegazioni. Se possediamo le competenze per farlo, gestiamo la richiesta del nostro interlocutore. Altrimenti, passiamo la telefonata al collega responsabile.

Sorridiamo al telefono. Il nostro interlocutore lo avvertirà. E lo apprezzerà. Sorridere al telefono facilita la comunicazione. Prendiamo appunti sul nostro blocco note per tutte le telefonate ricevute, segnando:

- data e ora della telefonata;
- nominativo di chi ci ha chiamato;
- destinatario della telefonata;
- motivo della telefonata;
- eventuali note;
- azioni da compiere per completare la gestione della telefonata.

Così, potremo dar seguito a tutte le telefonate ricevute ogni giorno, senza impazzire.

Come gestire i rapporti con gli altri

L'essere umano è, come noto, un animale sociale. La nostra esistenza si basa sui rapporti interpersonali, nell'ambito familiare, tra le nostre amicizie oppure nell'ambiente lavorativo. La nostra giornata, in ufficio, dura mediamente almeno 8 ore, che passeremo a stretto contatto con i colleghi e il capo. Abituiamoci, quindi, a stabilire con loro dei rapporti improntati al rispetto reciproco.

I colleghi

La comunicazione con i nostri colleghi costituisce un aspetto da curare con attenzione.

I nostri colleghi

L'osservanza di poche e semplici regole ci consentirà una convivenza cordiale e proficua:

- **collaborazione**: ci troviamo, ogni giorno, ad affrontare problemi. L'importante è risolverli, avvalendoci del contributo di chi lavora al nostro fianco. Collaborare oggi alla risoluzione di un problema di un nostro collega, può incentivare quest'ultimo ad aiutarci un domani nella risoluzione di un nostro problema.
- **rispetto dei ruoli e delle mansioni assegnate**: collaborazione sì, ma nel rispetto delle mansioni attribuite. Ognuno di noi ha un compito ben preciso da svolgere all'interno dell'azienda.

Non mettiamoci in mostra svolgendo un'attività che non ci compete, se non ci viene espressamente richiesto.

- **divieto di pettegolezzi**: se un collega si confida con noi, custodiamo il suo piccolo segreto. Non riveliamolo agli altri. Tradiremmo la fiducia che aveva riposto in noi.

SEGRETO n. 18: evitiamo di creare situazioni spiacevoli all'interno dell'ufficio. Malintesi o litigi non favoriscono le normali attività lavorative.

Il capo

Innanzitutto, chi è il capo, o datore di lavoro?

Datore di lavoro: *«Il soggetto titolare del rapporto di lavoro con il lavoratore o, comunque, il soggetto che, secondo il tipo e l'assetto dell'organizzazione nel cui ambito il lavoratore presta la propria attività, ha la responsabilità dell'organizzazione stessa o dell'unità produttiva in quanto esercita i poteri decisionali e di spesa»* (Decreto legislativo 9 aprile 2008 , n. 81, art. 2, comma 1, lettera b).

Il capo

Non è sempre facile gestire i rapporti con il proprio capo. Un buon capo dovrebbe essere aperto, favorire il lavoro di squadra, illustrare gli obiettivi aziendali e le strategie per raggiungerli. La realtà, molto spesso, è diversa. Il capo tende ad essere autoritario, ha difficoltà a delegare, vuole seguire tutto in prima persona, ordina continuamente e non è mai soddisfatto di noi.

Vediamo allora come possiamo gestire il nostro rapporto con lui, puntando a ridurre le sue critiche nei nostri confronti e trasformandole gradualmente in complimenti. Studiamo il suo carattere: collaborare con lui sarà più facile.

Un *capo riflessivo*, ad esempio, ha bisogno di tempo per prendere decisioni. Ci sarà grato, quindi, se sapremo raccogliere le informazioni e i dati sui quali imposterà le sue strategie.

Corrediamo la nostra presentazione, comunque, con le possibili alternative.

Un *capo creativo* apprezzerà la partecipazione attiva da parte dei suoi collaboratori: in particolare, gradirà suggerimenti, spunti, input insoliti e fuori dagli schemi.

In generale, a prescindere dal carattere del capo e dal suo modo di comunicare e di interagire con noi, non dimentichiamo una semplice verità: il capo vuole collaboratori che pensano e non burattini che eseguono passivamente gli ordini.

Vi racconto un episodio, avvenuto nella nostra azienda, anni fa. Il capo chiese alla segretaria di direzione di trasmettere un fax. La segretaria inviò il fax componendo il numero telefonico presente in agenda. Il numero risultò inesistente. La segretaria ritornò, senza scomporsi, dal capo, avvertendolo che aveva inviato il fax a un numero inesistente.

L'obiettivo era stato raggiunto? Se il capo ci chiede di inviare un fax al sig. Rossi, secondo voi cosa ci sta chiedendo esattamente? Di inviare il fax? O di assicurarci che le informazioni contenute nel fax arrivino davvero al sig. Rossi?

Tornando all'esempio, secondo voi, l'obiettivo era stato raggiunto? Secondo la segretaria di direzione, sì. Secondo il capo, no. Infatti, lui le chiese, infastidito, di rintracciare il nuovo numero e di riprovare con l'invio del fax.

Prestiamo, quindi, attenzione, anche quando il capo ci assegna un compito apparentemente semplice come l'invio di un fax. In realtà, non ci sta chiedendo soltanto l'esecuzione passiva di un gesto, bensì, il raggiungimento di un obiettivo. Anche e soprattutto, se ciò dovesse comportare la risoluzione di un problema, come rintracciare un nuovo numero telefonico.

SEGRETO n. 19: il capo ci chiede la risoluzione di problemi, non l'esecuzione passiva di compiti. Vuole, infatti, dei cervelli, non delle braccia o delle mani.

È ovvio che il nostro lavoro risulterebbe agevolato se il capo ci spiegasse cosa realmente si aspetta da noi, ma questo non avviene quasi mai. Toccherà quindi a noi, assicurarsi di aver ben compreso cosa dobbiamo fare e perché. Se capiremo questo concetto, avremo gettato le basi per la costruzione di un rapporto di fiducia con il nostro capo.

Come preparare una riunione

Un ulteriore canale di comunicazione all'interno delle aziende è costituito dalle riunioni. Effettuare periodicamente riunioni o meeting, consente a tutti di partecipare attivamente alle decisioni aziendali.

Le riunioni concorrono a migliorare il clima aziendale e, in particolare a:

- ottimizzare le prestazioni individuali e di gruppo;
- modificare un'operatività inefficiente;
- proporre nuove idee.

Abbiamo ricevuto, quindi, il compito di organizzare una riunione.

La riunione aziendale

Di quali informazioni abbiamo bisogno, per poter lavorare al meglio? Innanzitutto, gli argomenti che saranno affrontati nel corso dell'incontro. Potremo, così, stilare l'ordine del giorno, rispettando una sequenza gerarchica di importanza dei diversi argomenti.

Generalmente, i temi di maggiore importanza e urgenza sono discussi nella prima fase della riunione. Dobbiamo, quindi, essere a conoscenza dell'obiettivo della riunione. In funzione dell'obiettivo da raggiungere, verranno selezionati i partecipanti. **SEGRETO n. 20: invitiamo partecipanti interessati all'ordine del giorno della riunione. Eviteremo di distogliere dalle loro attività colleghi non coinvolti dagli argomenti trattati.**

Ci resta, a questo punto, da individuare quando e dove organizzare la riunione. La scelta della location dipende dall'obiettivo della riunione: in ogni caso, può essere interna all'azienda (sala riunioni), esterna (hotel) o in conference call.

Per il giorno e l'ora, possiamo avanzare una serie di proposte, e scegliere tra queste sulla base dei feedback ricevuti dagli invitati.

Inviamo, quindi, la convocazione a tutti i nominativi selezionati, specificando, almeno, le seguenti informazioni relative alla riunione da svolgere:

- giorno e ora;
- location;
- ordine del giorno;
- partecipanti;
- eventuali note.

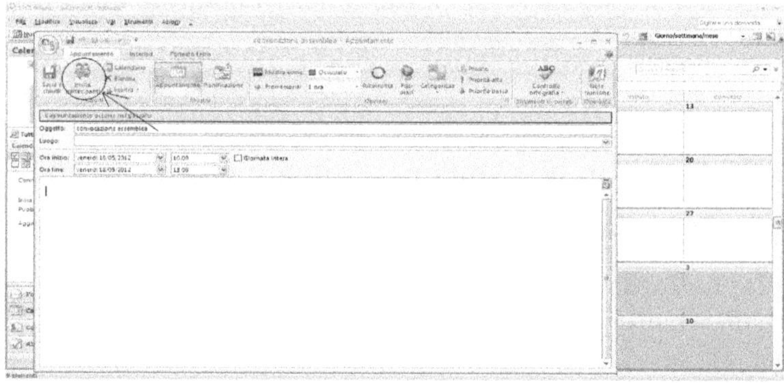

Invio delle convocazioni

Anche in questo caso, Microsoft Outlook risponde perfettamente alle nostre esigenze di pianificazione della riunione e di invio delle convocazioni. Una valida alternativa ci viene offerta da Google Calendar: è davvero fantastico. Assicuriamoci, infine, di ricevere le conferme di partecipazione da tutti gli invitati.

Per la preparazione della sala che ospiterà l'incontro, atteniamoci alle seguenti semplici regole:

- un numero sufficiente di sedie (non è gradevole lo spettacolo offerto da chi è costretto a cercare altre sedie, perché rimasto in piedi);
- disponibilità di un proiettore e di uno schermo agevolmente visibile da tutti i partecipanti;
- predisposizione di una cartellina per ogni partecipante: la cartellina dovrebbe contenere almeno dei fogli di carta, una penna e/o una matita, copia dell'ordine del giorno, copia della/delle presentazione/i da proiettare e tutta l'eventuale documentazione di supporto;
- allestimento di un angolo per il coffee break.

Per il coffee break possiamo procurarci degli stuzzichini dolci accompagnati da bevande quali succhi di frutta, the, caffè, se la riunione si svolge di prima mattina o nella fascia pomeridiana. Se la riunione dovesse aver luogo, invece, in seconda mattinata o nel tardo pomeriggio, il coffee break può trasformarsi in un aperitivo a base di tartine salate.

SEGRETO n. 21: prima di iniziare la riunione, diamo disposizioni per non essere disturbati nel corso della stessa se non per ragioni particolarmente importanti.

Durante la riunione, annotiamo quel che viene discusso e, quindi, deciso. Ci risulterà più agevole preparare il verbale della riunione. E, soprattutto, verifichiamo che l'obiettivo della riunione sia stato raggiunto. Io adotto questo sistema: sul foglio dove ho annotato l'ordine del giorno, in corrispondenza di ogni argomento, prevedo un campo denominato *Azione*, nel quale descrivo brevemente la decisione che è stata adottata, in relazione a quel tema. Vi assicuro che funziona.

Spessissimo, infatti, i partecipanti sono talmente presi dall'esposizione delle loro opinioni, che alla fine, tralasciano di prendere una decisione o di concordare delle linee di comportamento. Noi, invece, siamo sufficientemente distaccati da poter richiamare la loro attenzione su eventuali digressioni o scostamenti rispetto all'ordine del giorno.

Se la riunione dovesse coinvolgere più partecipanti lontani fisicamente, possiamo organizzare una conference call, invitando gli interessati a effettuare un collegamento in videoconferenza, ad esempio, su Skype.

Logo Skype

Skype è scaricabile dall'omonimo sito ed è l'ideale per telefonare via internet, organizzare conference call, fornire assistenza ai propri clienti e mantenere i rapporti con i propri fornitori. Io lo utilizzo quotidianamente per comunicare, restandomene comodamente seduta al mio PC, con i nostri partner stranieri, dislocati in varie parti del mondo, dall'Inghilterra all'Argentina, alla Danimarca, agli Stati Uniti.

RIEPILOGO DEL CAPITOLO 4:

- SEGRETO n. 15: Nella redazione di un'email, indichiamo sempre l'oggetto. Un'email sprovvista di oggetto verrà quasi sicuramente cestinata.
- SEGRETO n. 16: Impostiamo una firma da utilizzare ogni volta che spediamo un'email. La firma dovrebbe contenere, quantomeno, il nostro nominativo, la nostra qualifica all'interno dell'azienda, il nome dell'azienda e i recapiti relativi.
- SEGRETO n. 17: Quando telefoniamo, presentiamoci: diciamo il nostro nome, la nostra qualifica e l'azienda per la quale lavoriamo.
- SEGRETO n. 18: Evitiamo di creare situazioni spiacevoli all'interno dell'ufficio. Malintesi o litigi non favoriscono le normali attività lavorative.
- SEGRETO n. 19: Il capo ci chiede la risoluzione di problemi, non l'esecuzione passiva di compiti. Vuole, infatti, dei cervelli, non delle braccia o delle mani.
- SEGRETO n. 20: Invitiamo partecipanti interessati all'ordine del giorno della riunione. Eviteremo di distogliere dalle loro attività colleghi non coinvolti dagli argomenti trattati.
- SEGRETO n. 21: Prima di iniziare la riunione, diamo

disposizioni per non essere disturbati nel corso della stessa se non per ragioni particolarmente importanti.

Conclusione

Ed eccoci arrivati alla fine del nostro corso, *L'Ufficio Perfetto*. Abbiamo imparato leggendo i quattro capitoli, quali sono le attività da eseguire per gestire al meglio il nostro ufficio.

Siamo partiti dall'organizzazione, fisica e funzionale, della reception, della sala d'attesa, e, soprattutto, della nostra postazione di lavoro e siamo arrivati alla comunicazione all'interno dell'ufficio.

Ora abbiamo tutte le informazioni necessarie per agire, per passare dalla teoria alla pratica. Lavoriamo con calma e determinazione e non permettiamo mai che eventuali risultati negativi siano d'ostacolo alla nostra crescita professionale.

Per poter crescere, abbiamo bisogno di imparare, costantemente. Le occasioni per imparare non ci mancano. Non ci mancheranno. Cominciamo, ad esempio, dai nostri errori. Facciamone tesoro e analizziamoli, alla ricerca della loro causa. Creiamo, cioè, i presupposti, per non commetterli nuovamente.

L'esperienza può essere una grande scuola: dipende solo da noi, essere dei buoni allievi. Dobbiamo essere delle spugne: osservare, memorizzare e mettere in pratica. D'altro canto, l'esperienza, da sola, non è sufficiente: le competenze acquisite si trasmettono se accompagnate dalla teoria.

Seguendo con determinazione i consigli e i suggerimenti contenuti in questo corso, riusciremo, così, a organizzare le attività nostre e quelle degli altri, a fare gli onori di casa con orgoglio, consapevoli di aver raggiunto il primo dei nostri obiettivi: aver creato l'Ufficio Perfetto.

www.ingramcontent.com/pod-product-compliance
Ingram Content Group UK Ltd.
Pitfield, Milton Keynes, MK11 3LW, UK
UKHW022012190726
13853UKWH00004B/1885